1

Sebastian Merz

Gewinnen Sie Kunden

20 einfache Tipps für Klein-Unternehmen und Selbstständige, um in Suchmaschinen optimal gefunden zu werden.

Bibliografische Information der Deutschen Nationalbibliothek:

Die Deutsche Nationalbibliothek verzeichnet diese Publikation in der Deutschen Nationalbibliografie; detaillierte bibliografische Daten sind im Internet über http://dnb.dnb.de abrufbar.

Herstellung und Verlag: BoD – Books on Demand, Norderstedt

ISBN: 978-3-7386-3198-2

Inhaltsverzeichnis

Kleine Unternehmen müssen nicht gegenüber großen Unternehmen mit umfangreichen Marketingbudgets schlecht dastehen. Benutzen Sie die Tipps und Tricks, die Sie in diesem E-Book finden, um Ihre Webseite zu verbessern, sich besser über die sozialen Medien zu vermarkten und neue Wege zu finden, organischen Traffic über die Suchmaschinen zu generieren.

Einführung

Mehr als die Hälfte des gesamten Traffics wird durch Suchmaschinen generiert. In einer Studie von 2014 wurde festgestellt, dass bei den meisten Webseiten um die 65% der Besuche darauf zurückgehen, dass die Besucher Wörter oder Sätze in Suchmaschinen eingegeben hatten (Google war am populärsten) und auf Links geklickt hatten. Das bedeutet, Ihre Webseite wird niemals ihr volles Potential ausschöpfen und den maximalen Traffic abgreifen, wenn Sie nicht versuchen. Ihren Rang in den Suchmaschinen zu verbessern.

Natürlich besteht hier das Problem, dass viele kleine Unternehmen nicht auf der ersten Seite von Google gefunden werden können. Nur 10% der Suchenden klicken weiter bis zur zweiten Seite der Suchergebnisse. Die große Mehrheit der Nutzer findet entweder das, was sie sucht, auf der ersten Seite oder versucht es gleich mit einem anderen Begriff. Das haben Sie bestimmt auch schon bei sich selbst bemerkt. Wenn die erste Seite auf Google nicht das hat, was Sie brauchen, ist es viel wahrscheinlicher, dass Sie ein anderes Wort ausprobieren, als dass Sie sich die zweite Seite anschauen.

Wir haben gelernt, uns so zu verhalten, da Googles Algorithmus in einer bestimmten Art und Weise funktioniert. Googles Ziel ist es, seinen Benutzern die relevanteste Information zuerst anzuzeigen. Die Information, die am relevantesten ist, soll dabei auf der ersten Seite ganz oben angezeigt werden. Wenn das Suchergebnis nicht das anzeigt, was wir suchen, gibt es die Information nicht mit dieser Suche (oder auch gar nicht). Viele kleine Unternehmer wissen, dass das nicht unbedingt stimmen muss. Sie finden sich auf der vierten oder noch späteren Seite wieder, obwohl sie sehr wertvolle Informationen oder extrem relevante Produkte und Dienstleistungen bereitstellen.

Wenn das auch für Sie zutrifft, ist es Zeit für eine aggressivere Strategie. Die Ergebnisleiter nach oben zu klettern muss nicht unbedingt schwer sein. Das heißt aber auch nicht, dass es ohne etwas Arbeit geht. Dieses E-Book wird Ihnen zwanzig grundlegende Veränderungen zeigen, die Sie auf Ihrer Webseite, in den sozialen Medien und in Ihren Marketing-Strategien anwenden können, um Ihre Sichtbarkeit im Internet zu erhöhen und sich in einer höheren Position auf der Ergebnisseite wiederzufinden. Los geht's!

Ihre Webseite

Als erstes kümmern wir uns um Ihre Webseite. Ihre Webseite ist der Ort, an dem Ihre potentiellen Kunden Sie kennenlernen und einen ersten Eindruck bekommen, was Ihr Unternehmen ausmacht. Der Inhalt dieser Seiten, das Design, ob alles funktioniert und wie mitreißend Ihre Seite ist, bestimmt, wie Ihre Kunden die Seite wahrnehmen und ob sie entscheiden, auf der Seite zu bleiben. Eine gute Webseite ist die Basis, auf der man eine gesunde Kampagne zur Suchmaschinenoptimierung durchführen kann. Das müssen Sie tun:

- Beginnen Sie mit einer einfachen, fehlerfreien Webseite. Sie können sich natürlich einfach ein Template aussuchen (es gibt viele, zwischen denen man sich entscheiden kann). Falls Sie allerdings ein Design wählen, das viele andere Websites auch benutzen, werden Ihre Nutzer das intuitiv merken. Es muss nicht falsch sein, ein Template zu verwenden, aber Sie sollten es vermeiden, dass Ihre Seite wie jede andere aussieht. Eine neu gestaltete Seite oder mindestens ein angepasstes Design macht es Ihnen leichter, sich von der Konkurrenz abzuheben. Finden Sie am besten einen Designer, der Ihnen eine einzigartige Seite zusammenbaut, die auch funktioniert.

- Füllen Sie die Seite mit einzigartigem, relevantem und nützlichem Inhalt. Der Inhalt ist einer der wichtigsten Faktoren, an denen Google und andere Suchmaschinen festmachen, an welcher Stelle der Suchergebnisse Ihre Seite auftauchen wird. Wenn Sie Schlagworte benutzen, benutzen Sie sie mit Bedacht. Zu viele Schlagworte oder Schlagworte, die im Kontext Ihrer Seite keinen Sinn machen, schaden Ihrem Ranking. Ihr oberstes Ziel sollte es sein, wertvolle Informationen bereitzustellen. Denken Sie darüber nach, was Ihre Kunden oder Klienten wissen möchten und wie Sie dieses Wissen am besten vermitteln können. Benutzen Sie Ihre Schlagworte so, dass sie sich natürlich in den Textfluss einfügen. Stopfen Sie ihre Inhalte nicht mit Schlagworten voll und Ihre Webseite nicht mit überflüssigen Inhalten.

- Denken Sie darüber nach, einen Blog an Ihre Webseite anzuschließen. Denken Sie, dass es keinen interessiert, was Sie zu erzählen haben? Das muss nicht der Realität entsprechen. Wenn es Leute gibt, die daran interessiert sind, Ihre Produkte zu kaufen, dann gibt es aller Wahrscheinlichkeit nach auch Menschen, die sich dafür interessieren, was Sie über Ihre Branche erzählen können. Ein Blog ist nicht nur gut, um neuen, frischen Inhalt auf Ihre Webseite zu bringen, sondern wertet die Seite auf und eröffnet neue Wege, die Ihre Kunden auf die Seite führen.

- Benutzen Sie keine fremden Inhalte. Etwas von einer anderen Webseite zu übernehmen ist ein guter Weg, um Leerstellen auf ihrer Seite zu füllen. Es ist allerdings auch ein guter Weg, um von Google auf die rote Liste gesetzt zu werden, was es unmöglich macht, Ihre Webseite zu finden. Benutzen Sie keine Inhalte, die Ihnen nicht gehören und die nicht original sind. Originale, einzigartige

Inhalte zeigen Google, dass Ihre Seite ein verlässliches und vertrauensvolles Unternehmen repräsentiert. Das ist sehr wichtig für die potentiellen Leser Ihrer Inhalte.

Wenn Sie diese Änderungen umsetzen, wird das Ihren Webauftritt um Längen verbessern und die Sicht verändern, mit der die Algorithmen von Google Ihre Seite wahrnehmen. Eine große, neue und originelle Webseite, die eine klare Struktur hat, einfach zu navigieren ist und mit wissenswerten Informationen gefüllt ist, wird eine viel höhere Position erhalten. Das bedeutet allerdings nicht, dass Ihre Webseite sofort auf Platz 1 aufsteigen wird. Suchmaschinen-Optimierung braucht Zeit. Die Veränderungen, die Sie auf der Seite machen können, sind nur der halbe Teil der Miete. Es gibt noch einige andere Dinge, die Sie tun können, um Ihre Sichtbarkeit zu erhöhen.

Ihre Präsenz in den sozialen Medien

Viele denken, dass die Business Accounts in den sozialen Medien und die Webseite des Unternehmens zwei getrennte Einheiten darstellen. Dabei können diese sehr gut zusammenarbeiten. Das Ziel Ihrer Accounts sollte es sein, Ihre Follower oder Ihre Abonnenten auf Ihre Webseite zu leiten und sie zu Ihren Kunden zu machen. Oder Sie möchten loyale Kunden binden, um ihnen später neue Angebote unterbreiten zu können. Eine gesunde Präsenz in wenigstens einer der fünf großen sozialen Netzwerke ist ein Schlüssel zu großer Sichtbarkeit im Web. Hier sind ein paar Tipps, um Ihren Auftritt zu verbessern und zu formen:

- Medien, um Ihre Kunden dazu zu animieren, sich mit Ihrer Firma zu beschäftigen. Der Grund, sich in den sozialen Netzwerken zu bewegen, ist, mit Ihren Kunden zu interagieren. Ermutigen Sie sie dazu, Fragen zu stellen,

Kommentare zu schreiben, auf Ihre Posts zu antworten und diese zu teilen. Um diese Form der Interaktion zu erreichen, sollten Sie relevante, hilfreiche Beiträge schreiben, die sich einfach teilen lassen. Fast alle sozialen Netzwerke zeigen einen Trend hin zu visuellen Beiträgen. Infografiken, Text in Bildern und viele andere Formen sind ein großartiger Weg, um Engagement mit Ihren Kunden zu erzeugen.

- Antworten Sie schnell auf Fragen und Kommentare. Die Nutzer der sozialen Netzwerke sind es gewöhnt, schnell Antworten auf Ihre Beiträge zu erhalten. Als Faustregel gilt hier, dass man spätestens innerhalb eines Tages antworten sollte. Während der Geschäftszeiten ist es am besten, innerhalb einer Stunde zu antworten und so zu zeigen, dass Ihnen die Gedanken, Fragen und Meinungen Ihrer Kunden wichtig sind. Wie hilft das Ihrem Web-Auftritt? Menschen in unserer Zeit möchten mit Firmen Geschäfte machen, die sich um ihre Kunden kümmern. Google schaut sich Ihre Accounts in den sozialen Netzwerken an und misst das Engagement dort, um festzustellen, wie viel Wert Ihre Webseite besitzt. Je mehr Sie sich mit Ihren Nutzern beschäftigen, desto mehr beschäftigen sich Ihre Kunden mit Ihnen. Das verbessert Ihre Signalstärke in Form von Beiträgen, Kommentaren usw. und Google wird Ihre Seite höher einstufen.

- Positionieren Sie Ihre Marke mit Ihren Accounts in den sozialen Netzwerken. Einer der Gründe, warum die sozialen Medien so wichtig sind, ist, dass Sie Ihre Marke darstellen und sich am Markt positionieren können. Eine gesunde Marke, die im Gedächtnis Ihrer Kunden bleibt und die Sie hervorhebt, egal wo im Netz Ihre Kunden darauf stoßen, ist ein wichtiger Faktor, damit ein Unternehmen erfolgreich wird. Je präsenter Ihre Marke im Netz ist, desto sichtbarer sind Sie im Internet und desto relevanter werden Sie über den Algorithmus von Google eingestuft.

Ihre Präsenz in den sozialen Medien ist nicht nur eine großartige Gelegenheit, mit Ihren bestehenden Kunden in Kontakt zu treten, sondern auch eine großartige Plattform, um neue Kunden zu gewinnen. Die meisten sozialen Netzwerke stellen Werkzeuge bereit, um sich einem sehr spezifischen Teil der Nutzer vorzustellen. Stellen Sie sicher, dass Sie alle Werkzeuge benutzen, die Ihnen die sozialen Netzwerke anbieten.

Andere Strategien außerhalb Ihrer Webseite

Einige der wichtigsten Faktoren, die bestimmen, wie hoch Ihre Seite in den Suchergebnissen klettert, haben nichts mit Ihrer Webseite zu tun. Aber auf viele dieser Faktoren können und sollten Sie Einfluss nehmen. Wenn Sie anfangen, sich mit Suchmaschinenoptimierung zu beschäftigen, überlegen Sie sicher als Erstes, was Sie an ihrer Webseite verändern können, um potentielle Kunden zu bekommen. In Wahrheit bestimmt Google allerdings viele Faktoren, die nicht direkt etwas mit Ihrer Homepage zu tun haben.

- Schreiben Sie einen Beitrag auf einem anderen Blog. Das ist der wichtigste Faktor, den Google sich anschaut, wenn sich der Algorithmus Informationen über Ihre Webseite und Ihr kleines Unternehmen sucht. Warum? Ein Gastbeitrag zeigt Google, dass Sie eine Autorität auf Ihrem Gebiet sind und andere sich für Ihre Meinung interessieren. Einen anderen Blogger dazu zu bewegen, dass Sie für sein Publikum schreiben, zeigt nicht nur, dass Sie Ahnung von Ihrem Fachgebiet haben, sondern auch, dass man Ihnen vertrauen kann. Außerdem bekommen Sie so einen Link auf einer Webseite, der viel Traffic auf Ihre Webseite lenkt. Es hilft Ihnen, dass Ihre Stimme gehört wird. Je lauter Ihre Stimme ist und je wertvoller das ist, was Sie zu sagen haben, desto mehr Aufmerksamkeit wird Google Ihnen schenken. Wie schreiben Sie nun einen Gastbeitrag? Entwickeln Sie eine Idee für einen interessanten Artikel. Dann fangen Sie an, diesen Post anderen Blogautoren in Ihrer Branche anzubieten. Versuchen Sie hier ruhig an Personen heranzutreten, die bereits viele Leser haben. Schreiben Sie die Autoren an und fragen Sie, ob Sie einen Gastartikel bei ihnen veröffentlichen dürfen.

- Machen Sie sich Ihre Einträge in Verzeichnissen zunutze. Glücklicherweise haben viele kleine Unternehmen bereits einen Eintrag auf einer der vielen Verzeichniswebseiten. Wie z.B. Yelp,

Google+, TripAdvisor... Je nachdem, in welcher Branche Sie unterwegs sind, haben Sie einen Standardeintrag mit sehr wenigen Reviews oder vielen Reviews und vielen Informationen in der Liste. Egal, wie Sie dort stehen, Sie sollten sich um Ihren Eintrag auf diesen Seiten kümmern. Stellen Sie sicher, dass alle Kontaktinformationen korrekt sind. Falsche Einträge machen es Ihren Kunden unnötig schwer, Kontakt mit Ihnen aufzunehmen. Wenn Sie eine feste Geschäftsstelle haben, stellen Sie sicher, dass Ihre Öffnungszeiten korrekt eingetragen sind und die Adresse stimmt. Wenn Ihre Kunden Ihnen positive Reviews schreiben, vergessen Sie nicht, sich zu bedanken. Wenn Ihre Kunden Ihnen negatives Feedback geben, antworten Sie freundlich. Sie können auch ein Widget benutzen und alle positiven Reviews dieser Seiten auf Ihrer Webseite anzeigen lassen. Das ist großartig, um soziales Kapital aufzubauen und Vertrauen zu erzeugen.

- Posten Sie in relevanten Foren und beantworten Sie Fragen auf Fragen-

Websites. Je mehr Einfluss Sie haben, desto mehr verteilen sich Ihr Name, Ihre Stimme, Ihre Gedanken und Meinungen. Damit erhöht sich auch Ihre Sichtbarkeit im Netz. Indem Sie in der Online-Gemeinschaft Ihrer Branche aktiv werden und sowohl mit anderen Geschäftsleuten als auch Ihren Kunden in Interaktion treten, wird Ihr Name immer bekannter. Je mehr Sie sich beteiligen und je relevanter und hilfreicher Ihre Antworten sind, desto eher werden sich potentielle Kunden an Ihren Namen erinnern, wenn sie ein Produkt oder eine Dienstleistung benötigen. Finden Sie relevante Foren und Frageseiten (z.B. Yahoo! Answers oder Quora), indem Sie einen Google-Alert setzen oder nach Foren und Themen Ihrer Industrie suchen.

- Bringen Sie Ihren Namen auf populären Artikelseiten unter. Das können Sie tun, indem Sie Gastbeiträge schreiben oder Artikel zu Informationsseiten schicken. Dies ist ein großartiger Weg, um Ihre Sichtbarkeit zu erhöhen und etwas Traffic von einer etablierten Webseite abzugreifen. Es gibt zahlreiche Seiten, wie Ezine und EHow, die Artikel von fast jedem akzeptieren. Solange sie interessant und relevant sind, werden sie wahrscheinlich auch akzeptiert.

- Bezahlen Sie für Klicks. Der schnellste Weg, um auf Platz 1 der Google-Suche zu kommen, ist, dafür zu bezahlen. Googles AdWords-Programm ermöglicht es Ihnen, Ihr Unternehmen in der „Promoted"-Link-Area ganz oben in den Suchergebnissen anzeigen zu lassen. Während es wichtig ist, dass nur ungefähr 10% aller Suchenden auf diese Links klicken werden, ist es immer noch besser, ein paar Klicks zu bekommen als gar keine. Das Schöne beim Pay-per-Click ist, dass Sie nur den Traffic bezahlen, der wirklich auf Ihrer Seite landet. Je besser Ihre Anzeige ist, desto mehr Klicks werden Sie bekommen. Das bedeutet zwar, dass Ihre Ausgaben für das AdWords-Programm steigen, aber auch, dass Sie mehr Kunden gewinnen. Dies gibt Ihnen die Gelegenheit, Traffic zu Ihrer Seite zu bekommen, während Sie Ihren Web-Auftritt aufbauen. Denn Traffic ist einer der Faktoren, der bestimmt, wo der Google-Algorithmus Sie in den

Ergebnissen einordnet.

- Erstellen Sie hilfreiche Inhalte außerhalb Ihrer Webseite. YouTube fällt technisch gesehen in die Kategorie der sozialen Netzwerke. Man kann es allerdings auch als Plattform betrachten, die es erlaubt, Inhalt zu posten, der auf unterschiedliche Art und Weise mit der Branche verbunden ist, in der Sie sich bewegen, und der Ihnen Kunden auf Ihre Webseite bringt (wie z.B. auch SlidesShare). Auf diesen Netzwerken können Sie Inhalte teilen. Diese Inhalte werden sich nicht nur über die sozialen Netzwerke verbreiten, sondern auch durch die Marketingmechanismen der Plattformen selbst. Wenn Sie Videos oder Slideshows produzieren, können diese interaktiver sein als Blogposts. Außerdem sind sie großartig, um Ihre Sichtbarkeit zu erhöhen und mehr Vertrauen zu Ihren Kunden aufzubauen.

- Die Suchmaschinenoptimierung außerhalb der Webseite ist mindestens genauso wichtig wie die auf der Seite selbst. Eine großartige Webseite, auf der interessante und relevante Inhalte zu finden sind, bildet die Grundlage, um Ihren Webauftritt aufzubauen. Sie müssen aktiv werden, um Ihre Sichtbarkeit zu erhöhen und wenigstens ein paar der Punkte, die oben aufgelistet sind, umsetzen. Damit fängt Ihre Webseite an, Wellen im Internet zu schlagen. Je höher diese Wellen sind, desto eher wird Google Ihre Webseite als wichtig wahrnehmen. In Bezug auf den Algorithmus müssen Sie nachweisen, dass Sie etwas zu sagen haben und dass die Menschen im Internet sich für Ihre Ideen interessieren. Diese beiden Punkte haken Sie am besten ab, indem Sie sich auf die Optimierungen außerhalb Ihrer Webseite konzentrieren.

Allgemeine Tipps

Während Sie an Ihrem Web-Auftritt arbeiten, müssen Sie viele verschiedene Teile und Dynamiken beobachten. Um die beste Strategie für sich herauszufinden, müssen Sie verschiedene Dinge ausprobieren und mit der Zeit herausfinden, was für Sie funktioniert. Denken Sie dabei daran, dass Sie nicht von heute auf morgen auf Platz 1 sein werden und dies einige Zeit dauern wird. Wenn Sie etwas ausprobieren und Sie nicht sofort Ergebnisse sehen, muss das nicht heißen, dass Ihre Strategie nicht funktioniert. Wenn Sie allerdings nach einem Monat immer noch keine Ergebnisse sehen, könnte diese Strategie nicht die richtige für Sie sein. Hier noch ein paar allgemeine Tipps, die Sie nutzen können, um Ihre Sichtbarkeit im Web zu erhöhen, und die Sie in den Suchergebnissen bei Google nach oben bringen:

- Achten Sie auf Ihre Zugriffsdaten. Sie sollten Ihren Fortschritt verfolgen und herausfinden, wo Sie noch Verbesserungen vornehmen können.

Finden Sie heraus, wo Ihre Webseite steht und bauen Sie darauf auf. Google selbst hat hierfür ein Tool, das Sie benutzen können. Google Analytics sammelt Ihre Webseiten-Daten und zeigt sie Ihnen übersichtlich an. Einen einfachen Account anzulegen ist kostenlos, und er versorgt Sie mit unterschiedlichen Informationen und Daten, die im Zusammenhang mit Ihrer Webseite erhoben werden können. Wie viele Zugriffe Ihre Seite hat, woher der Traffic kommt und woher er nicht kommt.

- Achten Sie darauf, was Ihre Konkurrenz so treibt. Es kann nie schaden, sich ein paar Sachen bei einem Unternehmen mit einem funktionierenden Webauftritt abzuschauen. Dort können Sie lernen, was Sie tun müssen, damit Ihr Name in Erinnerung bleibt, um Aufsehen zu erregen und in den Suchergebnissen weiter nach oben zu kommen. Es ist allerdings nie gut, genau das zu machen, was Ihre Konkurrenz macht. Google favorisiert die Webseiten, die mit Ihrer Idee zuerst da waren. Dennoch ist es gut, sich einige Anregungen bei der Konkurrenz zu holen und dann durch Innovation zu glänzen.

- Tun Sie etwas für Ihre lokale Gemeinde. Offline mit Ihren Kunden zu interagieren kann auch Ihrer Online-Präsenz helfen. Wenn Sie nach Wegen suchen, um Aufsehen zu erregen, richten Sie ein Event oder eine Wohltätigkeitsveranstaltung aus, die den Namen Ihres Unternehmens trägt (ein QR Code oder eine URL geht auch). Das ist ein großartiger Weg, um Ihren Namen bekannt zu machen und Traffic zu Ihrer Webseite zu leiten. Die meisten kleinen Unternehmen sind auf ihre lokalen Gemeinschaften angewiesen. Geben Sie doch in dieser Form etwas zurück. Sie sollten jede Chance, Ihren Namen irgendwo unterzubringen, nutzen. Vor allem in unserer heutigen Zeit, wo Ihre potentiellen Kunden auch für lokale Dienstleistungen eher online gehen als in den Gelben Seiten nachzusehen.

- Posten Sie niemals gefälschte Reviews. Mit all den Webseiten, die gefälschte

Reviews zu günstigen Preisen anbieten, ist es schwer, der Versuchung zu widerstehen. Allerdings gibt es dabei ein Problem. Die heutigen Verbraucher riechen Betrug 5 Kilometer gegen den Wind. Das Internet hat die normalen Verbraucher zu Skeptikern erzogen. Sie mögen es gar nicht, getäuscht zu werden. Auch wenn sie nur riechen, das sie getäuscht werden, werden sie Ihr Unternehmen mit Korruption verbinden und mit Misstrauen abstrafen. Dadurch werden sie sich nie sicher genug fühlen, ihr hart verdientes Geld bei Ihrem Unternehmen zu lassen. Wenn Sie ein kleines Unternehmen sind, sind Reviews am wichtigsten für Ihr Überleben. Soziale Anerkennung ist einer der wichtigsten Faktoren, um potentielle Klienten und Kunden dazu zu bewegen, sich für Sie zu entscheiden. Gefälschte Reviews zu haben ist dadurch noch viel schlimmer als gar keine Reviews zu haben.

- Bauen sie Business-Beziehungen auf. Auch wenn Sie keine Produkte anbieten, die anderen Unternehmen helfen können, Ihr Angebot besser zu präsentieren, ist es dennoch wichtig, diese Beziehungen aufzubauen und zu pflegen. Auch zu Ihren Konkurrenten. Diese Beziehungen geben Ihnen nicht nur Ressourcen, die Sie nutzen können. Die anderen Unternehmen bekommen die Möglichkeit, Ihr Unternehmen weiterzuempfehlen, wenn sie die Bedürfnisse eines Kunden nicht erfüllen können. Das tun diese in der Regel sehr gerne. Vor allem wenn Sie bereits eine Beziehung zu einem anderen Unternehmen haben. Außerdem eröffnet es Möglichkeiten für Cross-Promotions und Cross-Marketing für alle Beteiligten.

- Verstricken Sie sich nicht in Details. Änderungen an der Webseite und außerhalb der Webseite können sehr komplex sein. Wenn Sie sich von den vielen Details überwältigt fühlen, denken Sie daran, dass es im Grunde einfach ist, einen Webauftritt zu gestalten. Fangen Sie mit den grundlegenden Dingen an und sobald Sie diese gemeistert haben, gehen Sie einen Schritt weiter in Richtung der erweiterten Techniken. Wenn etwas sich zu gut anhört, um wahr zu sein, etwas, das Ihnen Traffic und oder Reichweite verspricht, dann ist es das vermutlich auch. Versuchen Sie nicht zu viel auf einmal und zu schnell. Das führt am ehesten dazu, dass Sie nichts davon zu Ende bringen.

Eine liebevoll gestaltete Web-Präsenz ist die Grundlage für hohe Suchmaschinenrankings. Der Prozess ist so ähnlich, als würden Sie einen Stein in einen Teich werfen. Je größer der Stein ist, desto größer und effektiver sind die Wellen. Je mehr Wellen Sie machen, desto wertvoller ist Ihr Stein (Ihre Webseite).

Zusammenfassung

Da der Großteil des organischen Online-Traffics von Suchmaschinen kommt, sollten Sie mit Ihrer Webseite oben in den Ergebnissen bei Google landen. Um das zu erreichen, müssen Sie die richtigen Schlagworte in den Inhalten auf Ihrer Webseite benutzen und Ihre Webseite so relevant und interessant wie möglich gestalten. Je mehr Wert Ihre Webseite für andere hat, desto höher werden Sie in den Rängen aufsteigen. Eine solide Web-Präsenz ist der Schlüssel zu diesem Prozess. Wenn Sie einige der Tipps umsetzen, können Sie Ihre Sichtbarkeit erhöhen und Ihre Webseite kann den Weg zur Spitze in den Google-Suchergebnissen antrete.